Colorea y descubre

PUNK

© 2023, Redbook Ediciones, s. l., Barcelona

Diseño de cubierta: Regina Richling

Ilustraciones: Fernando López Casado (Fer)

ISBN: 978-84-18703-63-8

Depósito legal: B-12.865-2023

Impreso por Ulzama, Pol.Ind. Areta, calle A-33, 31620 Huarte (Navarra)

Impreso en España - *Printed in Spain*

Introducción

La música es una generadora de ídolos. Y cada generación ha tenido los suyos. En la década de los cincuenta Elvis fue el gran detonante de una sociedad que vivía encorsetada. Un poco más adelante, cuatro muchachos de Liverpool, con sus flequillos y sus ritmos pegadizos, marcarían un antes y un después en la historia de la música. Legiones de fans siguieron sus pasos allá donde iban mientras el *merchandising* se ocupaba de promocionarlos mediante camisetas, banderolas o productos de lo más insospechado.

Los medios de comunicación y, desde hace unos años, las redes sociales, han impulsado el seguimiento de los grupos musicales traspasando todo tipo de fronteras, llegando en muchas ocasiones a sacar a la luz aspectos de la vida personal de muchos de estos artistas. El fenómeno *fandom* está muy extendido, ya no solo en el mundo de la música sino también en muchos otros ámbitos de la sociedad. ¿Quién no ha seguido alguna vez a un escritor, a un deportista, a un cineasta?

Los más mitómanos suelen recurrir a coleccionar objetos personales que almacenan en vitrinas, guardan celosamente y únicamente muestran a sus personas más cercanas. Los conciertos y festivales que hoy en día proliferan por todas partes son, en ese sentido, el lugar en que es posible expresar con mayor entusiasmo esa conexión emocional que hay entre el músico y sus seguidores.

Desde el momento en que el pop y el rock pasaron a formar parte de la cultura popular, las imágenes de sus protagonistas se cruzaron con su propia recreación en forma de dibujos e ilustraciones. Primero fueron las películas de largos metrajes y más tarde pasaron al mundo del cómic y los dibujos animados. Estos Cuadernos del rock para colorear se dirigen a todos aquellos aficionados a la música para que puedan recrear un momento especial de conexión con sus ídolos: un concierto, una canción... y así rememorar sus éxitos y su música.

En cada dibujo podrás encontrar además un pequeño quiz que te animamos a responder y así conocer mejor a tu grupo favorito. La respuesta la podrás encontrar al final del cuaderno.

Polémicos y provocadores

Con ellos nació el punk

¿Quién es su líder?

Pioneros de la New Wave

¿Cuál es el nombre de la cantante?

Punk Rock californiano

¿Quién es su cantante y fundador de la banda?

Un grupo compuesto por chicas adolescentes

¿Cómo se llamaba la guitarrista del grupo?

La explosión del punk

¿Quién creó la banda?

Un sonido rápido y directo

THE OFFSPRING

Una banda muy influente en el resurgir del punk

THE OFFSPRING

El resurgir del punk en EE.UU.

Patti Smith

De madrina a abuela del punk

IGGY POP

Un gran icono del punk y la New Wave

THE VELVET UNDERGROUND

Un grupo muy influyente en los sesenta

¿Quiénes crearon la banda y quién fue su mánager?

GG ALLIN

La voz de Dios

El arte de ser radical o no ser arte

¿Quién fue Rod Swenson?

TURBONEGRO

El glam punk que vino del frío

¿Dónde se creó el grupo?

En la música actual todo está calculado

¿Cuál es el nombre real de Siouxsie?

The Adverts

Monstruos exquisitos

¿Quiénes fueron sus fundadores?

Gallows

Salvajes y agresivos

¿Cuál fue su álbum de debut?

EURYTHMICS

Gigantes del techno pop

¿Quiénes eran sus líderes?

Rockabilly, Garage rock y punk rock

¿Cuál fue su álbum más aclamado?

SUM 41

La peor banda del mundo (según Noel Gallagher)

¿De dónde viene su nombre?)

RICHARD HELL &
THE VOIDOIDS

Poeta y pionero del punk

¿Cuál fue su primer grupo?

NIRVANA

Grunge y generación X

AVENGERS

Speed Metal

MISFITS

Iconos del horror punk

¿Quién era Wolfgang von Frankenstein?

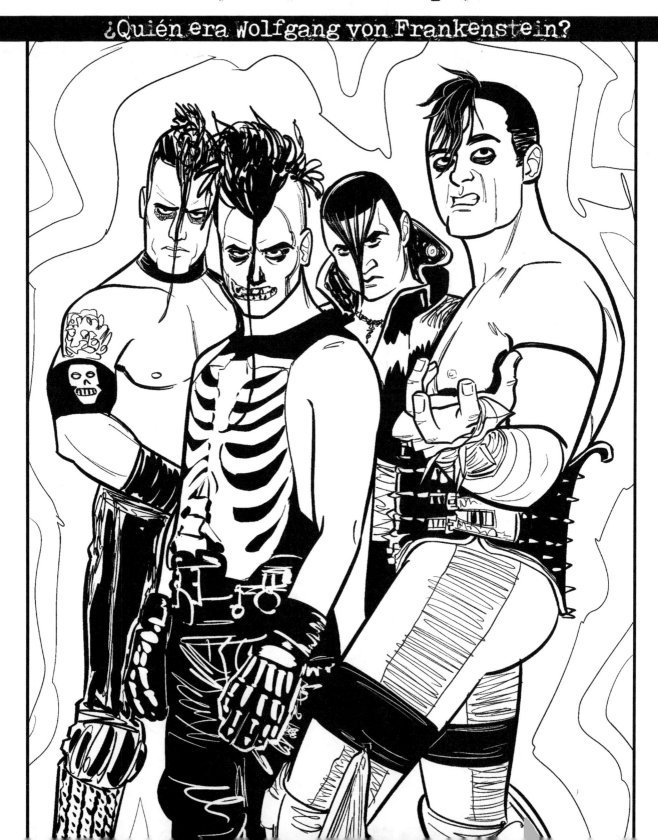

El punk de los rastafaris

Ofensivos, críticos y obscenos

VICE SQUAD

Street Punk

¿Quién era su líder?

GREEN DAY

La banda más influyente

¿Cuál fue su disco definitivo?

LUNACHICKS

Reinas del Scumrock

¿De dónde son originarias?

Gigantes del grunge

El punk neoyorkino

¿Quiénes eran sus integrantes?

DARBY CRASH

Influencias de Charles Manson y Adolf Hitler

¿Cuál fue la causa de su muerte?

THE JAM

New Wave y Punk rock

¿Cómo se llama su líder y de dónde es?

Más rápido, más fuerte...

¿Quién fue su cantante?

SLEATER-KINNEY

Hardcore punk

El punk fue una reacción

vir deprisa, no conformarse, ir contracorriente

¿Qué significa la palabra «punk»?

Soluciones

¿Cómo se llama el álbum de estudio de los Sex Pistols? *Never Mind the Bollocks, Here's the Sex Pistols*

¿Quién es el líder de los Sex Pistols? Sid Vicious

¿Cuál es el nombre de la cantante de Blondie? Debbie Harry

¿Quién es el cantante de Bad Religion y fundador de la banda? Greg Graffin

¿Cómo se llamaba la guitarrista del grupo The Runnaways? Joan Jett

¿Quién creó The Clash? Joe Strummer

¿Cómo se llaman los integrantes de Ramones? Joey, Dee De, Johnny, Tommy

¿Con qué disco vendieron 17 millones de copias en 1994? Con el disco *Smash*

¿Cuál ha sido el último álbum de estudio de The Offspring? *Let the Bad Times Roll*

¿Qué hotel fue muy conocido por las estancias de Patti Smith? El Chelsea Hotel

¿Cuál es el apodo de Iggy Pop? La iguana

¿Quiénes crearon la banda The Velvet Underground y quién fue su mánager? Fue creada por John Cale y Lou Reed, siendo Andy Warhol su mánager

¿Cómo le bautizaron a G.G. Allin? Jesus Christ Allin

¿Quién fue Rod Swenson de Plasmatics? Su mánager e ideólogo

¿Dónde se creó el grupo Turbonegro? En Oslo

¿Cuál es el nombre real de Siouxsie? Susan Janet Ballion

¿Quiénes fueron los fundadores de The Adverts? T.V. Smith y Gaye Advert fueron los fundadores del grupo.

¿Cuál fue el álbum de debut de Gallows? Orchestra of Wolves

¿Quiénes eran los líderes de Eurythmics? Annie Lenox y David Stewart

¿Cuál fue el álbum más aclamado de The Cramps? *Songs the Lord Taught Us*

¿De dónde viene el nombre de Sum 41? Se formaron 41 días después que empezara el verano

¿Cuál fue el primer grupo de Richard Hell? New Boys

¿Qué disco de Nirvana representó el fin del hair metal? Nevermind

¿De dónde procede su nombre Devo? de De-evolución

¿Dónde se creó Avengers? En Newcastle, Reino Unido.

¿Quién era Wolfgang von Frankenstein? Doyle, el hermano de Jerry Only, fundador de la banda

¿Cómo se hacía llamar Gary Miller, el guitarrista fundador del grupo Bad Brains? Dr. Know

¿Dónde se creó la banda Dead Kennedys? En San Francisco

¿Quién era el líder de Vice Squad? Beki Bondage, de nombre real Rebecca Bond.

¿Cuál fue el disco definitivo de Green Day, del que vendió diez millones de copias? *Dookie*

¿De dónde son originarias Lunachicks? De Nueva York

¿Quién era el líder de Pearl Jam y de dónde procedía? Eddie Vedder, de Seattle, Washington

¿Quiénes eran los integrantes de Television? Tom Verlaine, Richard Hell, Bill Ficca

¿Dónde se creó el grupo Minutemen? En San Pedro, California

¿Cuál fue la causa de la muerte de Darby Crash? Sobredosis de heroína

¿Cómo se llama el líder de The Jam y de dónde es? Paul Weller, Woking, Surrey, Reino Unido

¿Quién fue el cantante de Black Flag? Henry Rollins

¿Quiénes fueron las integrantes y fundadoras de Sleater-Kinney? Corin Tucker y Carrie Brownstein

¿Qué significa la palabra «punk»? Se trata de un término de origen inglés que se utiliza como sinónimo de «basura» o «escoria».

En la misma colección:

En preparación:
- Rockabilly
- Soul y Rhythm & Blues

Para saber más:

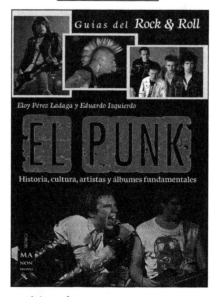

Puedes visitar nuestra página web
www.redbookediciones.com
para ver todos nuestros libros a través de este QR:

Puedes seguirnos en:

 redbook_ediciones

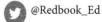 @Redbook_Ed

 @RedbookEdiciones